Jean-Louis Muller

Das kleine Übungsheft

Steh auf, dein Leben wartet!

Aus dem Französischen von
Claudia Seele-Nyima

Illustrationen von Jean Augagneur

TRINITY

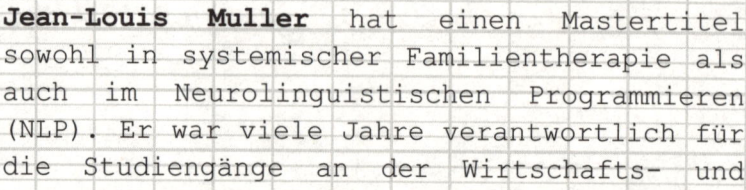

Jean-Louis Muller hat einen Mastertitel sowohl in systemischer Familientherapie als auch im Neurolinguistischen Programmieren (NLP). Er war viele Jahre verantwortlich für die Studiengänge an der Wirtschafts- und Handelsuniversität Paris-Dauphine und war zudem Schulungsleiter für Management und persönliche Entwicklung bei einem international tätigen Institut für Management-Training. Heute ist er als selbstständiger Coach tätig.

Die Originalausgabe ist erstmals 2016
bei Éditions Jouvence erschienen.
Titel der französischen Originalausgabe:
Petit cahier d'exercices Allez! Hop! Debout!
© 2016 Éditions Jouvence, S.A.,
Chemin du Guillon 20, Case 184, CH-1233 Bernex.
www.editions-jouvence.com
info@editions-jouvence.com

© der deutschen Ausgabe 2017 Trinity Verlag
in der Scorpio Verlag GmbH & Co. KG, München
Umschlaggestaltung: Guter Punkt, München
Satz: Danai Afrati
Druck und Bindung: Pustet, Regensburg
ISBN 978-3-95550-245-4
Alle Rechte vorbehalten.

www.die-kleinen-uebungshefte.de

Vorwort

»Der frühe Vogel fängt den Wurm« – Redensarten wie diese gibt es in den verschiedensten Varianten schon seit jeher in allen Kulturen. Der Kult des Sonnenaufgangs findet sich im alten Ägypten, bei den Mayas und Inkas, in Japan, im Hinduismus, in animistischen ebenso wie in monotheistischen Religionen und in vielen anderen Traditionen.

Vor der Moderne richtete sich der Lebensrhythmus der Menschen nach der Natur. Doch seit die Elektrizität uns rund um die Uhr mit Licht versorgt, seit es Hochgeschwindigkeitszüge gibt, Informationen jederzeit zugänglich sind und die bedarfssynchrone Produktion existiert,

ist vielen Menschen der natürliche Tag-Nacht-Rhythmus abhandengekommen und sie haben das unangenehme Gefühl, nicht Herr über ihre Zeit zu sein. Nächtliche Schlaflosigkeit und Tagesmüdigkeit sind erste Anzeichen dieser Störung. Wenn es Ihnen so geht und Sie eine Veränderung brauchen, kann das vorliegende kleine Übungsheft Ihnen eine echte Hilfe sein.

Im Jahr 2012 wiesen mehrere amerikanische, britische und französische Studien nach, dass Frühaufsteher weniger Symptome von Stress, Angst und Depressionen zeigen als andere und dass Menschen, die regelmäßig frühstücken, seltener übergewichtig sind. Diese Ergebnisse trugen zum Erfolg des Bestsellers von Hal Elrod bei: Miracle Morning. Die Stunde, die alles verändert. Zahlreiche Erfahrungsberichte in den Medien untermauern die These, dass frühes Aufstehen positive Auswirkungen hat, und auch Frauenmagazine quellen über vor Artikeln zum Thema.

Wollen Sie Ihr Kapital Zeit entwickeln? Endlich persönliche Projekte verwirklichen, die Ihnen am Herzen liegen und die Sie bislang immer wieder aufgeschoben haben (ein Buch schreiben, eine Fähigkeit erlernen, ein Lauftraining, ein Fernstudium oder etwas anderes

4

beginnen etc.)? Einen gesünderen Lebensrhythmus entwickeln? Sich Zeit nur für sich selbst gönnen? Dieses kleine Übungsheft möchte Ihnen helfen, die Methode des Frühaufstehens in die Tat umzusetzen – und dadurch Zeit und Energie für Herzensprojekte zu gewinnen! Es beruht auf Recherchen, wissenschaftlichen Artikeln, Erfahrungsberichten, Tests und inspirierenden Zitaten.

Als (im besten Sinne) populärwissenschaftlicher Vermittler bewährter Methoden lade ich Sie ein, mithilfe dieses Büchleins drei Ziele umzusetzen:

1. Herausfinden, welche Wach- und Schlafpräferenzen und -gewohnheiten Sie momentan haben.

2. Einen auf Ihre derzeitige Situation zugeschnittenen Vorgehensplan erstellen, damit Sie selbst die Erfahrung machen können, wie positiv frühes Aufstehen sich auswirkt.

3. Dranbleiben, um Ihre neuen guten Gewohnheiten zu festigen.

Was ich mithilfe dieses kleinen Übungshefts erreichen möchte

➡ Was hat mich motiviert, mir dieses kleine Übungsheft anzuschaffen?

➡ Was überzeugt mich davon, dass es tatsächlich eine sinnvolle Anschaffung ist?

➡ Habe ich mir schon einen Plan überlegt, um in Zukunft früh(er) aufzustehen? Wenn ja, wie will ich ihn umsetzen? Wenn nein, wie könnte ein solcher Plan aussehen?

....
....
....
....
....
....
....
....
....
....
....
....
....
....
....
....
....

1. Lassen sich Aufstehgewohnheiten leicht ändern?

20 Prozent von uns werden die hier vorgestellten Methoden mühelos anwenden können; 60 Prozent wird es vor allem zu Beginn ein bisschen Überwindung kosten und 20 Prozent werden sich schwertun – doch im Hinblick auf den Nutzen, den Sie daraus ziehen können, lohnt es sich durchzuhalten! Die Ergebnisse der medizinischen und biologischen Forschung über unsere Beziehung zur Zeit stimmen darin überein, dass sich die Menschen in Bezug auf ihren »zirkadianen Rhythmus« – also ihren Schlaf-wach-Rhythmus – in drei große Kategorien, genannt »Chronotypen« aufteilen lassen: Frühaufsteher, Tagmenschen und »Nachteulen«.

Statistische Verteilung der drei Chronotypen

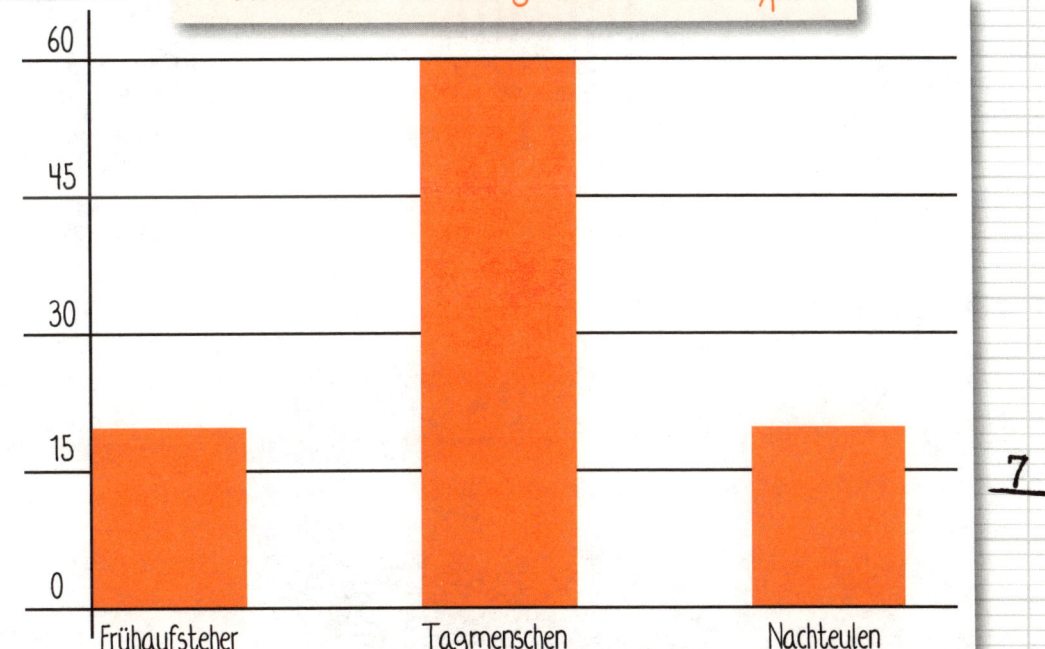

7

Wir können unseren Chronotyp beeinflussen

Unser Chronotyp ist relativ stabil und wird von unseren Genen, unserer Psyche und unserem beruflichen und sozialen Alltag bestimmt. Er ändert sich im Lauf des Lebens: Kleine Kinder wachen früh auf, Teenager bleiben gern abends lange auf, Erwachsene passen ihren Lebensrhythmus an familiäre und berufliche Zwänge an und ab einem Alter von etwa 60 Jahren werden die meisten von uns wieder zum Frühaufsteher.

Welcher Chronotyp dominiert bei mir?

Bei den folgenden zehn Alltagssituationen haben Sie jeweils die Wahl zwischen drei Möglichkeiten. Wie entscheiden Sie sich?

Geben Sie jeder Aussage die für Sie richtige Punktzahl.
10 Punkte: Meine erste Wahl
5 Punkte: Was notfalls auch noch ginge
0 Punkte: Nur wenn unbedingt nötig

1. Ich will mir am Wochenende einen Film im Kino ansehen.

A Die Spätvorstellung um 22.00 Uhr ist mir am liebsten — da ist es nicht so voll.
B Ich gehe lieber in die erste Vorstellung am Vormittag, die kostet weniger.
C Ich gehe gern in die erste Abendvorstellung.

2. Meine ideale Arbeitssituation stelle ich mir so vor, dass ich …

A in einem kleinen Unternehmen in der Nähe einer Stadt tätig bin, wo man früh kommt und früh wieder geht.
B zu den »traditionellen« Bürozeiten arbeite.
C einen Beruf ausübe, bei dem ich zu flexiblen Zeiten mal hier, mal dort arbeite.

3. In meiner Freizeit …

A gönne ich mir gern geistige und körperliche Erholung.
B feiere ich gerne Partys.
C gehe ich meistens nur am Wochenende oder in den Ferien aus.

4. Ich muss etwa anderthalb Stunden lang wichtige Unterlagen bearbeiten.

A Ich erledige das kurz vor oder nach dem Mittagessen.
B Ich befasse mich frühmorgens damit, bevor die Kollegen kommen, damit ich ungestört bin.
C Ich bearbeite sie abends, nachdem meine Kollegen gegangen sind.

5. Das denke ich über das Essen:

A Der Abend ist die richtige Zeit für eine gute Mahlzeit, weil es dann entspannter und gemütlicher ist.

B Morgens sollte man wie ein Kaiser, mittags wie ein König und abends wie ein Bettler essen.

C Man sollte über den Tag verteilt für eine gleichmäßige Kalorienzufuhr sorgen und mäßig trinken.

6. Meine Devise lautet …

A Guter Rat kommt über Nacht.

B Der frühe Vogel fängt den Wurm.

C »Die besten aller Güter, wenn es überhaupt Güter gibt, sind die Ruhe, die Zurückgezogenheit und ein Plätzchen, das man sein Eigen nennen kann.« (JEAN DE LA BRUYÈRE)

7. Wenn ich ein Vogel wäre, dann wäre ich …

A eine Möwe.

B ein Hahn.

C eine Eule.

8. Die schönsten Himmelsfarben zeigen sich …

A in den Farbnuancen im Laufe des Tages.

B bei Sonnenuntergang, wenn das Licht nach und nach schwächer wird.

C während der Morgenröte.

9. Schlafen ist für mich …

A Zeitverschwendung.

B eine Notwendigkeit.

C eine Wohltat.

10. Ich bin schon um sechs Uhr morgens wach, obwohl ich normalerweise später aufstehe.

A Ich bleibe unter der Decke.

B Ich höre im Bett Musik oder die Nachrichten.

C Ich nutze die Gelegenheit zum Meditieren oder um Gymnastik zu machen.

Ergebnisse

	Frühaufsteher	Tagmensch	Nachteule
1	B	C	A
2	A	B	C
3	A	C	B
4	B	A	C
5	B	C	A
6	B	C	A
7	B	A	C
8	C	A	B
9	A	B	C
10	C	B	A
	Gesamt	Gesamt	Gesamt

Was sagen uns die Ergebnisse?

Ihre Resultate — die Sie wahrscheinlich nicht über-raschen —, zeigen, welcher Chronotyp Sie sind und wie leicht oder schwer es Ihnen fällt, früh aufzustehen.

Drei Schwierigkeitsgrade zeichnen sich ab:

Früh aufstehen fällt Ihnen leicht:
Mehr als 50 Punkte für »Frühaufsteher« und weniger als 50 für die beiden anderen Chronotypen.

Früh aufstehen fällt Ihnen schwer:
50 Punkte für »Tagmensch«, 30 für »Frühaufsteher« und 20 für »Nachteule«.

Früh aufstehen fällt Ihnen sehr schwer:
50 Punkte oder mehr für »Nachteule« und 50 oder weniger für die beiden anderen Chronotypen.

Sie können jetzt natürlich in puncto früh aufstehen gar nichts weiter unternehmen und dieses Heft nur aus reiner Neugier lesen.

Dieses kleine Übungsheft ist nicht der Weihnachtsmann!

Der Chronotyp ist abhängig von Ihren Genen, Ihrer seelischen Verfassung – insbesondere Ihrer Motivation, sich zu verändern – und Ihrer Umgebung. Es gibt regelrechte Hemmschuhe, die Sie bremsen oder sogar jeglichen Fortschritt in Richtung frühes Aufstehen unmöglich machen können. Wenn Sie wirklich motiviert sind, sollten Sie sich daher an Ihre aktuelle Situation anpassen und mit ihr so arrangieren, dass Sie gut zurechtkommen.

Psychische Hindernisse	Äußere Hindernisse
- Ich feiere abends zu gern. - Ich liebe es, bis zum Morgengrauen zu tanzen und Musik zu hören. - Ich bin vor allem ein sozialer, geselliger Mensch. - Früher aufstehen als sonst ist für mich ein Zeichen von Stress. - Ich habe keine Lust, meine Zeit zu planen. - Ich mag Überraschungen und ungewöhnliche Begegnungen. - Ich finde Zwänge unerträglich.	- Ich arbeite im Schichtdienst, spätnachmittags oder nachts. - Ich muss wohl oder übel früh aufstehen, weil ich morgens und abends über eine Stunde Fahrtzeit habe. - Ich kann mir meine Zeiten nicht aussuchen. - Mein(e) Partner(in) geht spät aus dem Haus und kommt spät wieder. - Ich wohne in einem sehr lauten Viertel. - Abends muss ich die Hausaufgaben der Kinder kontrollieren.

12

Hinzu kommen gesundheitliche Schwierigkeiten, wie Ein- und Durchschlafprobleme, Schlaflosigkeit und Tagesmüdigkeit. Auch die Auswirkungen einer Depression oder eines Burnouts tragen nicht gerade dazu bei, sich voll ins Leben zu stürzen. In so einem Fall gehen Sie einfach langsam, Schritt für Schritt vor, ohne sich zu überfordern.

Ihr persönlicher, auf Sie zugeschnittener Aktionsplan

Ihre Ausgangsposition: Früh aufstehen fällt Ihnen leicht
Offensichtlich sind Sie es schon gewohnt, früh aufzustehen. Für Sie geht es darum, diese Fähigkeit zu optimieren. Nutzen Sie die verfügbare Zeit am Morgen für Dinge, die Ihnen guttun.
Zum Beispiel (mehrere Optionen sind möglich, je nachdem, wie viel Zeit Sie morgens haben):

➡ Allein in Ruhe frühstücken
➡ Den Sonnenaufgang betrachten
➡ Eine Dreiviertelstunde walken oder joggen
➡ Lesen
➡ Musik hören
➡ Die Tagesaktivitäten planen
➡ Den vorhergehenden Tag noch einmal Revue passieren lassen
➡ In der frischen Luft des frühen Morgens gärtnern
➡ Tagträumen
➡ Meditieren
➡ Beten
➡ Yoga oder Gymnastik machen
➡ Ein Bad nehmen
➡ Aufräumen
➡ Putzen

13

Das wichtigste Auswahlkriterium ist, dass die morgendliche Aktivität Ihnen Spaß macht. Lästige Arbeiten dagegen verleiden Ihnen womöglich das Frühaufstehen und Bemerkungen aus Ihrem Familienumfeld (»Das ist bloß eine deiner Launen, das geht bald wieder vorbei!«) könnten Sie entmutigen.

Überlegen Sie sich:

➡ Um wie viel Uhr stehe ich derzeit auf?
➡ Um wie viel Uhr will ich aufstehen?
➡ Zu welchem Datum fange ich an?
➡ Welche angenehme Aktivität suche ich mir aus?
➡ Was könnte mir im Wege stehen?
➡ Was kann mir helfen?

Ihr Ausgangspunkt: Früh aufstehen fällt Ihnen schwer

Ihr Programm ist etwas komplexer, denn es wirft Ihre bisherigen Gewohnheiten über den Haufen. Sie brauchen Mut und Ausdauer, besonders dann, wenn Ihre Umgebung Sie nicht unterstützt. Früh aufstehen ist leichter, wenn es mit einer angenehmen Aktivität verknüpft wird. Wählen Sie daher aus der Liste angenehmer Aktivitäten auf Seite 13 eine aus, die Sie motiviert. Unterstützen Sie sich, wenn möglich, mit einer 20-minütigen Mini-Siesta am Nachmittag. Planen Sie das Abendessen eine halbe Stunde vor Ihrer derzeitigen Essenszeit ein. Die Entscheidung, eine Stunde oder 45 Minuten früher aufzustehen, sollte mindestens die nächsten drei Tage in die Tat umgesetzt werden. Es ist erwiesenermaßen wirksamer, Neues – nachdem wir uns dafür entschieden haben – so bald wie möglich anzugehen: »Die besten Veränderungen beginnen mit sofortigen Ergebnissen.« Zauderer haben dagegen gern Gedanken wie diese: »Eigentlich sollte ich früher aufstehen«; »Ich würde ja gerne mal früher aus dem Bett kommen«; »Schon seit Jahren sage ich mir, dass ich früher aufstehen müsste«. Lauter fromme Wünsche, die im Treibsand der ewigen Reue versinken!

Ihr Ausgangspunkt: Früh aufstehen fällt Ihnen sehr schwer

Früh aufstehen ist für Sie ein echter Einschnitt. Mehrere Bereiche Ihres Lebens werden dadurch aus dem Gleichgewicht gebracht. Sie machen es sich gern morgens im Bett gemütlich und/oder bleiben dafür lieber abends länger auf. Ihre Freunde und Angehörigen kennen Sie nicht anders, und es besteht die Gefahr, dass sie Sie als Frühaufsteher nicht mehr verstehen. Doch wenn Ihre Entscheidung feststeht, sollten Sie einfach auf sich selbst vertrauen. Halten Sie durch! Ihre Chronobiologie — Ihre innere Uhr — wird eine Weile aus dem Takt geraten und Nebenwirkungen erzeugen, wie Schlaflosigkeit, Tagesmüdigkeit, Reizbarkeit. Daher sollten Sie sich die folgenden Fragen ehrlich beantworten, bevor Sie Ihr Frühaufsteher-Programm beginnen:

15

1. Habe ich wirklich Lust, früh aufzustehen?
2. Ist das tatsächlich ein lohnendes Ziel?
3. Wiegen die erhofften Vorteile die unangenehmen Begleiterscheinungen auf?

4. Bin ich bereit, eine gewisse Zeit – die sich mehr oder weniger lang hinziehen kann – zu investieren, um mein Leben in ein neues Gleichgewicht zu bringen?

5. Bin ich bereit, dem Spott und dem Unverständnis meiner Angehörigen gegenüberzutreten?

6. Kann ich auf die Unterstützung meiner Umgebung zählen?

7. Bin ich bereit, nächste Woche anzufangen und auch dranzubleiben?

Je häufiger Sie mit »Ja« antworten, umso realistischer und besser durchführbar ist natürlich Ihr Programm. Wenn Sie mindestens fünf Fragen mit »Nein« beantworten, empfehle ich Ihnen, das Projekt »früh aufstehen« für den Moment fallen zu lassen. Man kann auch so gut leben.

Zum Erreichen Ihrer Ziele stehen Ihnen drei Taktiken zur Verfügung. Nehmen wir als Beispiel jemanden, der gewöhnlich um acht aufsteht, den Zeitpunkt aber gerne auf sechs Uhr vorverlegen möchte.

Taktik 1: Behutsam schrittweise vorgehen

Stehen Sie in den nächsten zwei Wochen um 7.45 Uhr auf; dann, in den darauffolgenden zwei Wochen, um 7.30 Uhr. Verfahren Sie so im Zweiwochenrhythmus, bis Sie nach vier Monaten Ihr Ziel erreicht haben. Geben Sie sich nicht damit zufrieden, einfach nur früher aufzustehen, ohne in der gewonnenen Zeit etwas zu tun. Nutzen Sie die Gelegenheit für angenehme Aktivitäten. Um Ihr Programm noch etwas sanfter zu gestalten, können Sie einmal pro Woche ausschlafen.

Taktik 2: Die Dinge vorantreiben

Sie wissen: Wenn Sie den Stier nicht bei den Hörnern packen, werden Sie es nicht schaffen. Beginnen Sie den Tag zwei Monate lang eine Stunde früher und anschließend, in den folgenden zwei Monaten, noch eine weitere Stunde früher. Suchen Sie sich eine angenehme Morgenbeschäftigung, die Sie von Anfang an ausüben und beibehalten. Halten Sie mindestens 45 Minuten lang ein Mittagsschläfchen, um Ihren Körper und Ihre biologische Uhr leichter an die Veränderung zu gewöhnen. Und gehen Sie in diesen vier Monaten jeden Abend mindestens eine Stunde früher schlafen. Natürlich wäre es entsprechend der Philosophie dieses kleinen Übungshefts

17

völlig verfehlt, ein Schlafmittel einzunehmen, um leichter einschlafen zu können — denn das hieße, den Teufel mit dem Beelzebub auszutreiben!

Taktik 3: Die Zeitverschiebung nutzen

Hier geht es darum, schnell einen neuen zirkadianen Rhythmus (auf diesen Begriff werden wir noch einmal zurückkommen) zu etablieren, indem man mit den Zeitzonen spielt. Das setzt allerdings voraus, dass Sie über entsprechende finanzielle Mittel verfügen und Zeit haben.

Fliegen Sie für einen Monat in die Tropen, zum Beispiel auf die Karibikinseln. Der Zeitunterschied zu Deutschland beträgt fünf Stunden; wenn es dort also sechs Uhr morgens ist, haben wir in Köln elf Uhr vormittags. Das heißt, Sie können dort um sechs Uhr, also bei Tagesanbruch, aufstehen und die Gerüche, die Anblicke und die Geräusche des Morgens genießen, während Ihr Körper noch auf elf Uhr programmiert ist. Beginnen Sie Ihren Tag darum dort jeden Morgen um sechs und die Sache ist geritzt. Nach Ihrer Rückkehr stehen Sie dann weiterhin um sechs auf. Halten Sie das mindestens eine Woche durch, dann ist es zur Gewohnheit geworden.

18

Selbst-Experiment

Stehen Sie eine Woche lang eine Stunde früher auf und gehen Sie eine Stunde früher schlafen. Schreiben Sie während des Experiments alles auf, was Ihnen dazu einfällt, einschließlich der Reaktionen Ihrer Angehörigen.

Nach Ablauf der Woche ziehen Sie Bilanz:

➡ Was hat sich für mich geändert?

➡ Geht es mir besser als vorher?

➡ Geht es mir schlechter?

➡ Hat sich mein Stress erhöht oder verringert?

➡ Hat mich meine Umgebung ermutigt?

➡ Wurde ich belächelt oder kritisiert?

➡ Möchte ich weitermachen?

SPIEGLEIN, SPIEGLEIN
AN DER WAND,
BIN ICH JETZT SCHÖNER?

2. Die Vorteile des frühen Aufstehens nutzen

Die fünf Vorteilskategorien des Frühaufstehens

Menschliches Handeln orientiert sich oft daran, ob es uns Vorteile bringt, sich so zu verhalten. Wir wollen die Vorteile des frühen Aufstehens mithilfe einer Übung entdecken, indem wir vorab die fünf großen Kategorien persönlicher Vorteile noch einmal Revue passieren lassen. Anschließend ordnen Sie jeden Vorteil seiner jeweiligen Kategorie zu.

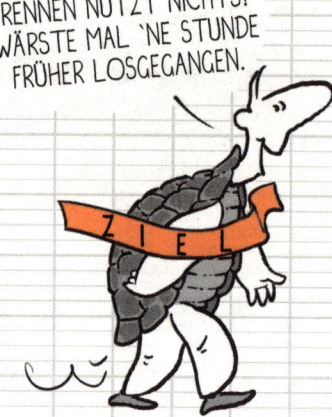

Praktische Vorteile:

➡ Weniger Staus, mehr freie Sitzplätze in öffentlichen Verkehrsmitteln

➡ Zeitgewinn

➡ Bessere persönliche Organisation

➡ Befriedigende Work-Life-Balance

Soziale Vorteile:

➡ Anerkennung durch andere

➡ Gesellschaftliches Ansehen

➡ Gutes Beziehungsnetzwerk

➡ Status und Standing

Psychische Vorteile:

➡ Freude, Spaß

➡ Unannehmlichkeiten werden vermieden

➡ Sich mit sich selbst und anderen wohlfühlen

➡ Höheres Selbstwertgefühl

Existenzielle Vorteile:

➡ Innere Ruhe, einfach nur »sein« können

➡ Lebenssinn

➡ Stolz auf sich selbst

➡ Selbstbehauptung/
   Selbstbestätigung

Biologische Vorteile:

➡ Kein oder wenig Stress

➡ Gute Gesundheit

➡ Ausdauer

➡ Persönliche Energiereserven

Übung: Meine persönlichen Vorteile, wenn ich früh aufstehe

Ordnen Sie die unten aufgeführten 25 Vorteile des Frühauf-stehens der richtigen Kategorie zu, indem Sie die Nummer des jeweiligen Vorteils in die entsprechende Spalte eintragen.

Praktische	Soziale	Psychische	Existenzielle	Biologische

1. Ich habe meine Tagesplanung optimal im Griff.
2. Ich erlebe nur selten Stress- oder Notfallsituationen.
3. Ich gerate nicht in Staus und überfüllte öffentliche Verkehrsmittel.
4. Ich sorge dafür, dass es mir gut geht.
5. Ich gelte als zuverlässig.
6. Ich nehme mir Momente des Alleinseins und der Selbst-besinnung.
7. Ich habe Freude daran, den Sonnenaufgang zu betrachten.
8. Bei Konflikten bleibe ich ruhig.
9. Ich ernähre mich ausgewogen.
10. Ich denke, bevor ich handle.
11. Morgens verschaffe ich mir körperliche Bewegung.
12. Die Abende, an denen ich spät schlafen gehe, sind sorg-fältig ausgewählt.
13. Ich komme sehr selten oder sogar nie zu spät.

14. Ich stehe zwar anderen zur Verfügung, halte mir aber bestimmte Zeiten frei, um mich ungestört mit wichtigen Unterlagen und Problemen zu befassen.

15. Es ist mir lieber, die Initiative zu ergreifen, als nur zu reagieren.

16. Meine Freunde, Angehörigen und Kollegen sagen, dass ich fit aussehe.

17. Ich finde das Licht und die speziellen Geräusche der Natur beim Aufwachen wundervoll.

18. Abends kann ich mich entspannt meiner Familie und meinen Freunden zuwenden.

19. Ich bestimme selbst, wann ich meine Mails lese und ins Internet gehe.

20. Ich trinke nur mäßig Alkohol.

21. Einladungen zu langweiligen Partys am Abend lehne ich mühelos ab.

22. Familienmitglieder oder Freunde sagen mir, sie wollen ebenfalls früh aufstehen, weil sie finden, ich sei jetzt besser »in Form«.

23. Bei jeder Wende in meinem Leben prüfe ich erneut meine Prioritäten.

24. Ich bin stolz darauf, dass ich mein Leben selbst gestalten kann.

25. Ich freue mich, dass ich es geschafft habe, früh aufzustehen, obwohl es weiß Gott nicht leicht war.

Die obige Vorteile-Liste ist aus Gesprächen mit Personen entstanden, die es geschafft haben, seit mindestens sechs Monaten früh aufzustehen. Die genannten Vorteile werden durch zahlreiche Veröffentlichungen in Magazinen und wissenschaftlichen Zeitschriften untermauert.

Auflösung der Übung über die Vorteile:

Praktische	Soziale	Psychische	Existenzielle	Biologische
1	5	7	6	2
3	14	15	8	4
12	16	17	10	9
13	18	21	23	11
19	22	25	24	20

3. Zehn praktische Tipps, wie Sie Ihr Ziel erreichen

Beginnen wir mit drei wahren Berichten bekannter Persönlichkeiten (sie wollen anonym bleiben), die sich an das Programm »früh aufstehen« herangewagt haben. Bestimmt werden Sie bei diesen drei Beschreibungen Gemeinsamkeiten entdecken.

Erster Bericht:

Mann, Gründer und Entwickler eines Start-up-Unternehmens

1. Ich werde in aller Ruhe zwischen 5.10 und 5.40 Uhr wach.
2. Als Erstes nehme ich ein – wie ich es nenne – »inneres Bad«: Ich trinke eine Mischung aus Wasser, Zitrone und Salz.
3. Daraufhin gehe ich 35 Minuten walken, atme dabei tief durch, um mich mit Sauerstoff zu versorgen, und höre Musik.
4. Dann bereite ich mir einen Smoothie aus 14 Obst- und Gemüsesorten und eine Tasse Tee zu.
5. Im Anschluss mache ich zehn Minuten sanfte Gymnastik.
6. Danach gehe ich unter die Dusche.
7. Ich trage die drei Prioritäten des Tages in mein Tablet ein.
8. Dann mache ich mich auf den Weg ins Büro.
9. Um halb neun beginne ich mit der Arbeit.

35 MINUTEN

25

Zweiter Bericht:

Frau, leitende Angestellte in einem Unternehmen und Mutter zweier Kinder

1. Ich stehe um sechs Uhr auf.
2. Als Erstes meditiere ich 20 Minuten (und idealerweise am Nachmittag noch einmal, aber manchmal schaffe ich das nicht). Das Meditieren wirkt sich sofort unglaublich positiv auf meine Gelassenheit aus und bewirkt, dass ich klarer denken kann.

3. Es folgen 20 Minuten Taijiquan.
4. Dann nehme ich ein Bad und mache mich fertig, während ich die Nachrichten im Radio höre.
5. Danach lese ich eine Presseschau im Internet.
6. Mein Mann steht um sieben Uhr auf und macht Frühstück.
7. Um halb acht frühstücke ich mit der Familie.
8. Abwechselnd mit meinem Mann bringe ich die Kinder zur Schule.
9. Um halb neun komme ich im Büro an.

26

Dritter Bericht:

Mann, Journalist und Schriftsteller — arbeitet meistens zu Hause und hat Termine außerhalb

1. Ich stehe um 4.30 Uhr auf.

2. Als Erstes trinke ich ein Glas Wasser.

3. Dann erstelle ich meine Prioritätenliste des Tages (die drei wichtigsten Aufgaben, von denen mindestens eine mit meinem persönlichen momentanen Hauptziel in Verbindung steht; die anderen beiden hängen oft mit der Arbeit zusammen).

4. Im Anschluss bereite ich das Frühstück für die ganze Familie vor.

5. Dann frühstücke ich für mich und lese dabei.

6. Danach meditiere ich oder verschaffe mir Bewegung (Laufen, Radfahren, Schwimmen, Krafttraining oder Gärtnern) – jeden zweiten Tag im Wechsel.

7. Anschließend dusche ich.

8. Um 6.30 Uhr wecke ich meine Frau und die Kinder und helfe den Kindern bei der Morgentoilette.

9. Um 7.30 Uhr setze ich mich an den PC, um zu arbeiten.

Übung: Den »Eindringling« finden

Wo sind in dieser Liste der zehn Erfolgsfaktoren des Frühaufstehens die Antworten, die nicht dazugehören?

❏ 1. Früh aufstehen ist eine Pflicht.

❏ 2. Es ist wichtig, nach dem Aufstehen Flüssigkeit zu sich zu nehmen.

❏ 3. Ehepartner und Kinder sind in diese Lebensweise mit eingebunden.

❏ 4. Früh aufstehen ist eine Entscheidung.

❏ 5. Man muss den Tag mit einer schnellen, intensiven Aktivität beginnen.

❏ 6. Früh aufstehen ist eine Routine.

❏ 7. Man muss den Tag mit einer langsamen physischen Aktivität beginnen.

❏ 8. Der Morgen ist eine Zeit der Ruhe.

❏ 9. Vom Moment des Aufwachens an befasst man sich mit den Problemen anderer.

❏ 10. Wenn man früh aufsteht, kann man den Rest des Tages gut vorplanen.

Lösung:
Die nicht dazugehörigen Antworten sind Nr. 1, 5 und 9. Die Faktoren Nr. 2, 3, 4, 6, 7, 8, 10 sind Erfolgskriterien.

Zehn praktische Tipps, damit es klappt

1. Klären Sie zunächst Ihr Ziel und schätzen Sie ein, in welchem Verhältnis die erwarteten Vorteile zu eventuellen unerwünschten »Nebenwirkungen« stehen.

Beantworten Sie sich klar die Frage: »Warum will ich früh aufstehen?« Überlegen Sie, was sich an Ihrem Leben ändern könnte, wenn Sie mehr Zeit zur Verfügung hätten. Wollen Sie (mehr) Sport treiben, meditieren, sich bilden, lesen, schreiben? Möchten Sie allein oder mit jemand anderem in das Programm einsteigen? Entscheiden Sie, ob es sich für Sie lohnt, früher aufzustehen. Listen Sie die Vorteile auf, die Sie motivieren, und schätzen Sie vorweg ein, welche Auswirkungen das Frühaufstehen auf Ihre Alltagsaktivitäten haben wird: Anfahrt zur Arbeit, Arbeitszeit, Kinder zur Schule bringen und abholen, abendliche Feiern … Bedenken Sie auch die möglichen Reaktionen Ihrer Angehörigen, damit Sie sich besser auf das Gespräch vorbereiten können, in dem Sie ihnen Ihr Vorhaben mitteilen.

Der Sinn meines Vorhabens, zusammengefasst in fünf Sätzen:

....

....

....

....

....

....

....

....

....

2. Informieren Sie Ihre Umgebung und binden Sie sie in Ihr Vorhaben ein. Ziehen Sie regelmäßig Bilanz, um Ihr Vorgehen eventuell zu verändern und den Gegebenheiten anzupassen.

Beginnen Sie damit, dass Sie Ihren Plan mit Freunden besprechen, denen Sie vertrauen, und hören Sie sich ihre Anmerkungen und Vorschläge an. Als Nächstes informieren Sie Ihre(n) Frau/Mann und Ihre Kinder, falls Sie Familie haben. Machen Sie ihnen klar, dass Sie bei Ihrem Projekt Ihr Wohlbefinden — und auch das der Familie — im Auge haben. Erklären Sie, warum Sie dieses Vorhaben angehen wollen und welche Vorteile Sie sich davon für sich und Ihre Angehörigen erhoffen. Hören Sie an, was Ihre Familie dazu sagt und vorschlägt, und ändern Sie Ihre Vorgehensweise gegebenenfalls ab. Wenn nötig, legen Sie einen neuen Zeitplan für den Morgen fest: aufstehen, frühstücken, Bad, Kinder in die Schule bringen … Überlegen Sie sich eventuell auch eine neue Aufgabenverteilung.

Zum Abschluss sprechen Sie mit Ihren Kollegen und Vorgesetzten darüber, besonders dann, wenn es zu Ihrem Plan gehört, Ihre Arbeitszeiten zu ändern.

Die Argumente, mit denen ich meine Angehörigen überzeugen will, in fünf Sätzen zusammengefasst:

....

....

....

....

....

....

....

....

3. Lassen Sie sich jeden Tag zur selben Zeit wecken. Stellen Sie dafür Ihren Wecker außer Reichweite.

Halten Sie diese Regel mindestens drei Wochen durch, ohne dagegen zu verstoßen. Benutzen Sie zunächst einen Wecker, der auf ein lautes Geräusch programmiert ist. Verringern Sie dann nach und nach die Klangintensität und ersetzen Sie das Geräusch durch leise Musik oder einen diskreten Klingelton. Stellen Sie Ihren Wecker weit entfernt vom Bett auf und stehen Sie beim ersten Klingeln auf. Legen Sie sich auf gar keinen Fall wieder hin! Kaufen Sie einen Wecker ohne »Snooze«- oder Schlummer-Funktion oder verwenden Sie Ihr Smartphone. Verlassen Sie sofort nach dem Aufstehen das Zimmer.

Um wie viel Uhr stehe ich auf? Von welchem Tag an?

....

....

....

....

....

....

....

....

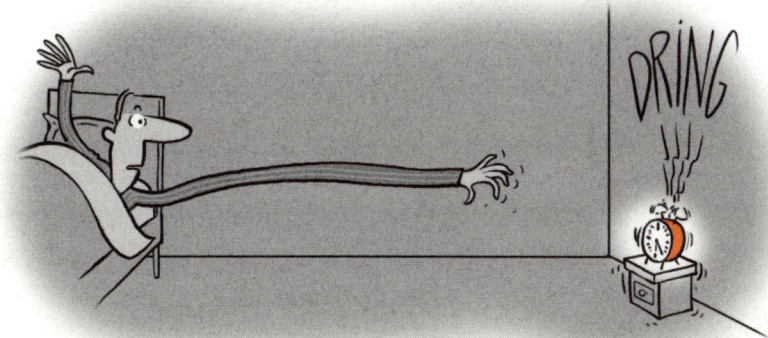

31

4. Stellen Sie die Heizung im Winter so ein, dass es im Schlafzimmer ein bis zwei Grad kühler ist als im Rest der Wohnung.

Wenn es im Schlafzimmer sehr warm ist, stört das den Schlaf und führt zu Verdauungsproblemen, Dehydration (Austrocknung) und Schwitzen. Die Schlafzimmertemperatur sollte daher etwas niedriger sein als in den anderen Räumen. Probieren Sie aus, wie es für Sie passt: Stellen Sie die Heizung im Schlafzimmer versuchsweise um zwei Grad herunter, verlassen Sie den Raum und schließen Sie die Tür. Halten Sie sich dann eine Weile in einem anderen Zimmer auf, das so beheizt ist, wie es Ihnen angenehm ist. Anschließend gehen Sie wieder in Ihr Schlafzimmer: Wenn Sie die Temperatur dort nun als frisch empfinden, haben Sie die richtige gewählt.

Wie hoch ist die Temperatur in meiner Wohnung oder in meinem Haus? Auf welche niedrigere Temperatur heize ich mein Schlafzimmer?

. . . .

5. Bereiten Sie für morgens ein warmes Getränk vor und stellen Sie sich Wasser ans Bett.

Eine ausreichende Flüssigkeitszufuhr ist eines der wichtigsten Kriterien, damit Ihr Vorhaben gelingt. Alkohol vor dem Zubettgehen ist ungeeignet, denn er entwässert und führt zu Mundtrockenheit. Trinken Sie besser etwas Wasser, bevor Sie ins Bett gehen, und sorgen Sie morgens nach dem Aufstehen für eine hohe Flüssigkeitszufuhr. Praktizieren Sie das »innere Bad« Ihres Organismus mit einem heißen Getränk, das Sie sich in einer Thermoskanne am Abend zuvor bereitstellen. Das kann zum Beispiel ein Kräutertee, ein milder schwarzer Tee, Zitronenwasser oder eine leichte Brühe sein. Sie können dazu auch ein Glas selbst gepressten Fruchtsaft und eine Milchspeise zu sich nehmen. Und nach körperlichen Aktivitäten am Morgen ist wieder Wasser angesagt: eine Dusche für Eilige und ein Bad für diejenigen, die nachdenken oder vor sich hin träumen wollen.

Mit welchem Getränk befülle ich meine Thermoskanne? Will ich duschen oder baden?

....

....

....

....

....

....

....

6. Wechseln Sie zwischen körperlichen und geistigen Aktivitäten ab.

Wenn Sie ausreichend Zeit haben, können Sie mit 20 bis 30 Minuten Sport oder Gymnastik beginnen und anschließend noch einmal denselben Zeitraum für geistige Beschäftigungen vorsehen. Sie können aber auch wechseln: einen Tag eine körperliche, am folgenden Tag eine geistige Beschäftigung.

Wählen Sie sanfte physische Aktivitäten, die Ihnen helfen, Ausdauer zu entwickeln: Walken, Schwimmen, langsames Joggen, Gymnastik, Yoga, Taijiquan … Zu den geistigen Aktivitäten gehören Meditation, Kreuzworträtsel oder Sudoku lösen, Schreiben …

Mit welcher körperlichen Aktivität beginne ich den Tag?

Welche geistige Aktivität möchte ich ausüben?

Möchte ich den beiden Beschäftigungen hintereinander oder jeden zweiten Tag im Wechsel nachgehen?

....

....

....

....

....

....

....

....

....

....

....

7. Nehmen Sie sich Zeit, nichts zu tun.

Die Dämmerung am frühen Morgen bietet zahlreiche Möglichkeiten der Kontemplation in Verbindung mit unseren fünf Sinnen: dem Sehsinn, um die Farben des Himmels, die Wolken und das Licht, das sich über der Landschaft oder den Dächern der Stadt erhebt, zu beobachten; dem Gehör, um auf die speziellen Geräusche der erwachenden Natur zu lauschen, wie Vogelzwitschern, das Plätschern eines Bachs oder die Wellen an der Hafenmole; dem Tastsinn, wenn man Erde oder Sand durch die Hand rieseln lässt, an einem Stoff entlangstreift oder Wasser leicht berührt; dem Geschmackssinn, wenn man eine Erdbeere oder eine Scheibe Ananas kostet; dem Geruchssinn, wenn man den Duft der Blumen, den Salzgeruch des Meeres und die Gerüche des Marktes, der frühmorgens aufgebaut wird, wahrnimmt. Leisten Sie sich auch den Luxus, einfach mal nur vor sich hin zu träumen.

Welche Gelegenheit zur morgendlichen Kontemplation mithilfe meiner fünf Sinne bieten meine Region, mein Wohnort und das Haus, in dem ich lebe?

....

....

....

....

....

....

....

35

8. Gönnen Sie sich ein reichhaltiges Frühstück und essen Sie den Rest des Tages mäßig.

Diese populäre Redensart haben Sie zwar schon auf einer der vorhergehenden Seiten gelesen, aber ich möchte sie hier dennoch wiederholen: »Iss morgens wie ein Kaiser, mittags wie ein König und abends wie ein Bettler.« Wenn Sie sich an diese Regel halten, werden Sie sowohl mühelos früh aufstehen können als auch abnehmen, falls das Essen bei Ihnen leicht »ansetzt«. Denn morgens aufgenommene Kalorien, Nähr- und Giftstoffe werden schneller verdaut bzw. abgebaut als solche, die wir abends zu uns nehmen. Übermäßiger abendlicher Alkoholkonsum birgt zudem gesundheitliche Gefahren in sich und trocknet Ihren Körper aus, während Sie schlafen.

Sind meine derzeitigen Essgewohnheiten im Einklang mit diesen Ratschlägen?
Wenn nicht, wie kann ich sie verändern?
Wie kann ich meine Angehörigen davon überzeugen, mich auf dem Weg dieser neuen gesunden Ernährung zu begleiten?

....

....

....

....

....

....

....

....

9. Bereiten Sie am Abend vor, was Sie am nächsten Tag brauchen.

Wählen Sie die Kleider, die Sie am nächsten Tag tragen wollen, und legen Sie sie bereit. Stecken Sie die Papiere, die Sie für Ihre Arbeit brauchen, in Ihre Tasche oder Mappe. Räumen Sie Ihr E-Mail-Postfach auf, damit Sie ruhig schlafen können. Wenn nötig, erstellen Sie eine Checkliste der Dinge, die Sie am nächsten Morgen erledigen wollen, und legen Sie im Geiste die Prioritäten des nächsten Tages fest.

Ich weiß nicht, ob Ihnen die Bezeichnung gefällt, aber erfolgreich dauerhaft früh aufzustehen ist eine echte *Lebensdisziplin*.

In welches Zimmer lege ich abends meine Sachen für den nächsten Morgen?
Benutze ich einen elektronischen Terminkalender oder Papier, um am Vorabend aufzuschreiben, was ich am folgenden Tag tun will?
Welche Uhrzeit am späten Nachmittag oder frühen Abend lege ich fest, um meine Mails zu erledigen oder zu ordnen?

....

....

....

....

....

....

....

10. Belohnen Sie sich hin und wieder für Ihre Erfolge beim Projekt Frühaufstehen.

Beobachten Sie einmal Sportler, die einen Sieg errungen haben. Sie bringen ihre Freude und Zufriedenheit durch einen Schrei oder eine demonstrative Geste zum Ausdruck, das berühmte »YESSSSS!«. Tun Sie dasselbe, wenn Sie in Ihrem Frühaufsteher-Projekt Fortschritte machen! Wagen Sie es, sich nach Ablauf der ersten Woche zu beglückwünschen. Gönnen Sie sich nach drei erfolgreichen Wochen ein romantisches Wochenende zu zweit. Spendieren Sie sich eine Kino-, Konzert- oder Theaterkarte als »Selbstbelohnung«. Meiden Sie dagegen Alkoholisches, um Ihren Erfolg zu »begießen«; dasselbe gilt für Süßigkeiten. Diese beiden Belohnungen sind kontraproduktiv und sabotieren Ihr Frühaufsteher-Programm. Erzählen Sie Ihren Freunden und Angehörigen von Ihren Erfolgen und »sahnen« Sie zusätzlich ein paar Komplimente ab.

Was möchte ich tun, um mich selbst zu belohnen?
Wie fange ich es an, dass ich echte Komplimente einheimse?

....

....

....

....

....

....

BRAVO

BRAVO

BRAVO

Sich zu entscheiden, früh aufzustehen, und es kundzutun, ist der notwendige erste Schritt, aber allein für sich genommen nicht ausreichend, damit das Vorhaben auch gelingt. Rechnen Sie damit, dass es hin und wieder schwierige Momente geben wird. An manchen Tagen werden Sie nur widerwillig aufstehen, an anderen einfach liegen bleiben – so ist das Leben ...

Diese zehn praktischen Tipps sind gleichzeitig eine Herausforderung und eine großartige Hilfe bei der Umsetzung Ihres Projekts.

4. Unstimmigkeiten vorbeugen, die durch die geänderte Aufstehzeit entstehen

Dauerhaft früher aufstehen als bisher bringt sowohl unseren eigenen »Normalbetrieb« als auch unsere Beziehungen zu anderen aus dem bisherigen Gleichgewicht. Vermutlich wird es Kräfte geben, die den früheren Zustand wiederherstellen wollen. Daher tun Sie gut daran, sie von vornherein zu kennen und einzubeziehen

Persönliche Vorausschau

Beginnen Sie damit, dass Sie in sich gehen und die folgenden Fragen beantworten. Sie können sich dabei auf Ihre Antworten von Seite 6 beziehen.

1. Welches Ziel habe ich konkret im Zusammenhang mit dem morgendlichen Aufstehen?

➡ Um wie viel Uhr will ich aufstehen?

➡ Ab wann?

➡ Wie lange?

➡ Was sind die Hauptvorteile, die ich mir davon erhoffe?

2. Auf wen oder was kann ich zählen, um meine Ziele zu erreichen?

→ Welche persönlichen Eigenschaften habe ich, die mir helfen?

→ Wer von meinen Freunden und Angehörigen wird mich ermutigen und unterstützen?

3. Auf welche Elemente im Tagesablauf muss ich sonst noch achten?

(Beispiele: Arbeits-, Fahrt-, Frühstücks-, Zubettgehzeiten ...)

4. Wie wird sich meine geänderte Aufstehzeit – im Negativen wie im Positiven – wahrscheinlich auswirken ...

→ auf meinen Schlaf im Allgemeinen?

→ auf meine Gesundheit?

→ auf meine Aktivitäten?

→ auf meine sozialen, politischen und meine Vereinsaktivitäten?

→ auf mein Familienleben?

→ auf meine Freunde und Angehörigen?

→ auf meine Kollegen?

→ auf meinen Chef?

41

5. Wie kann ich die unerwünschten Auswirkungen verhindern oder überwinden?

Die häufigsten Stolpersteine

Sich potenzieller unerwünschter Auswirkungen bewusst zu werden, sollte uns keinesfalls entmutigen, im Gegenteil: Es erhöht die Klarheit – und damit die Handlungsfähigkeit. Gemäß dem klugen Spruch »Gefahr erkannt, Gefahr gebannt«.

Schlaf

Der Schlafbedarf variiert von Mensch zu Mensch. Manchen genügen schon sechs Stunden, während andere neun Stunden brauchen. Berücksichtigen Sie beim Wechsel zum frühen Aufstehen Ihren persönlichen Schlafbedarf – sinnvollerweise sollten Sie daran denken, früher ins Bett zu gehen und bei Bedarf nachmittags etwas zu schlafen. Wenn Sie schon seit Langem spät aufstehen und spät ins Bett gehen, wird ihr gewohnter Rhythmus zunächst einmal empfindlich gestört.

Im Jahr 1729 stellte der Geophysiker Jean-Jacques Dortous de Mairan etwas Erstaunliches fest: Als er eine Pflanze dauerhaft im Dunkeln ließ, beobachtete er, dass der Zyklus des Hebens und Senkens der Blätter auch ohne Sonne stattfand. Vergleichbare Experimente wurden mit verschiedenen Spezies wiederholt: mit Pflanzen, Tieren, Mikroorganismen. Bis dahin war man ganz selbstverständlich davon ausgegangen, dass allein der Wechsel von Licht und Dunkelheit in der Umgebung diese Wirkung erzeugte; doch jetzt fand man heraus, dass es bei den beobachteten Subjekten einen inneren Faktor des Wechsels zwischen Wachen und Schlafen gab.

Später, in den 1940er-Jahren, prägte Franz Halberg, ein rumänischer Biologe, der zu den Begründern der modernen Chronobiologie gehört, die Bezeichnung »zirkadian«. Sie setzt sich aus dem lateinischen *circa*, »ungefähr«, und *dies*, »Tag«, zusammen und bedeutet dementsprechend »ungefähr ein Tag«.

Der Wissenschaftler gründete später die Chronobiology Laboratories der University of Minnesota.

Neuere Studien wurden unter anderem mit Höhlenforschern durchgeführt, die lange Zeit kein Tageslicht sahen. Es zeigte sich, dass die Testpersonen, obwohl sie wochenlang vom natürlichen 24-Stunden-Rhythmus des Wechsels von Licht und Dunkelheit der Umgebung abgeschnitten waren, weiterhin einen Zyklus beibehielten, in dem sich Ruhe (Schlaf) und Aktivität (Wachzustand) über einen Zeitraum von etwa 24 Stunden abwechselten. Das Fortbestehen des Schlaf-wach-Zyklus ohne tägliche Veränderungen der Umgebung legt nahe, dass der Mensch eine biologische innere Uhr hat.

Der zirkadiane Rhythmus von ungefähr 24 Stunden ist im Lauf der verschiedenen Lebensperioden von Mensch zu Mensch sehr stabil. Vermutlich hat er die Funktion, unsere innere Uhr zu regeln.

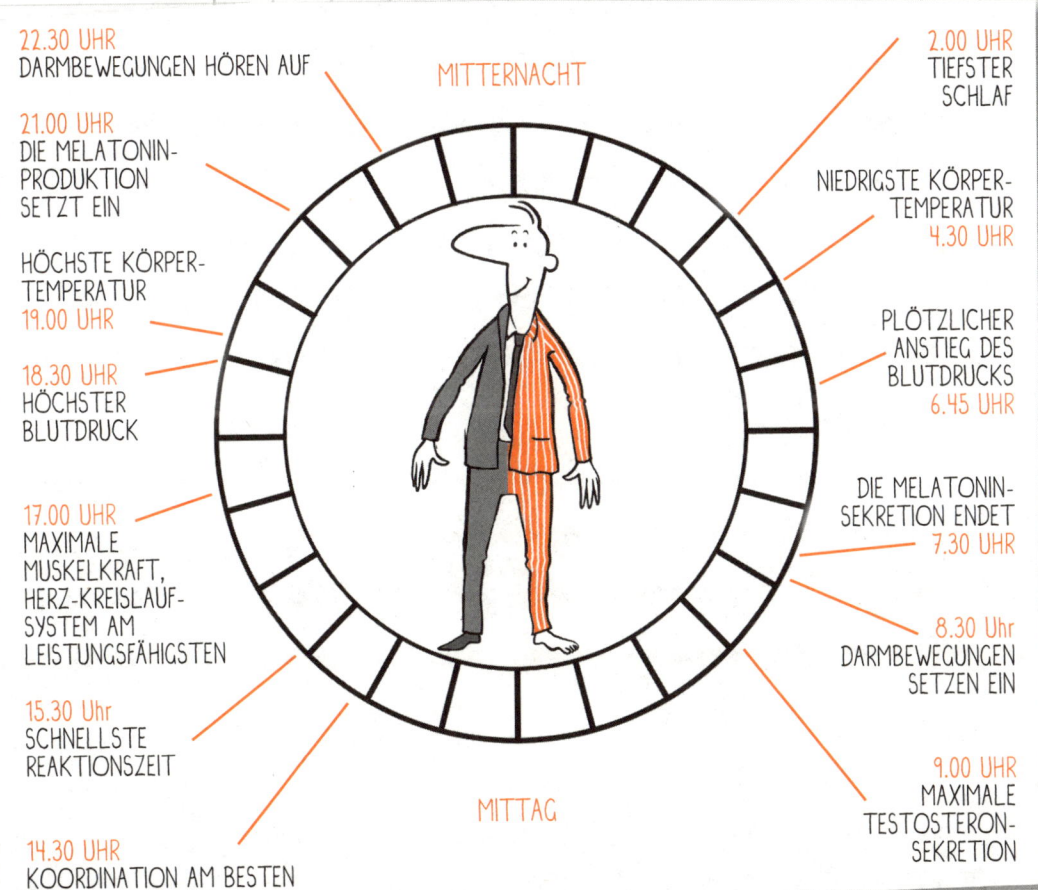

22.30 UHR
DARMBEWEGUNGEN HÖREN AUF

MITTERNACHT

2.00 UHR
TIEFSTER
SCHLAF

21.00 UHR
DIE MELATONIN-
PRODUKTION
SETZT EIN

NIEDRIGSTE KÖRPER-
TEMPERATUR
4.30 UHR

HÖCHSTE KÖRPER-
TEMPERATUR
19.00 UHR

PLÖTZLICHER
ANSTIEG DES
BLUTDRUCKS
6.45 UHR

18.30 UHR
HÖCHSTER
BLUTDRUCK

DIE MELATONIN-
SEKRETION ENDET
7.30 UHR

17.00 UHR
MAXIMALE
MUSKELKRAFT,
HERZ-KREISLAUF-
SYSTEM AM
LEISTUNGSFÄHIGSTEN

8.30 Uhr
DARMBEWEGUNGEN
SETZEN EIN

15.30 Uhr
SCHNELLSTE
REAKTIONSZEIT

9.00 UHR
MAXIMALE
TESTOSTERON-
SEKRETION

MITTAG

14.30 UHR
KOORDINATION AM BESTEN

43

Die medizinische Forschung ist sich einig, dass die folgenden zehn praktischen Ratschläge helfen, bei Schlafstörungen den zirkadianen Rhythmus wieder ins Gleichgewicht zu bringen:

1. Regelmäßige Arbeitszeiten;
2. Ins Bett gehen, wenn man müde wird;
3. Tagsüber eine kurze Siesta halten;
4. Ausreichend körperlich aktiv sein, am späteren Abend jedoch nicht mehr intensiv Sport treiben;
5. Vor dem Schlafengehen nicht mehr lesen, fernsehen oder Bildschirmgeräte (Tablet, Smartphone, Computer) benutzen oder im Bett essen;
6. Entspannungsmomente fest einplanen, besonders abends;
7. Tabak, Kaffee, Tee, Cola, Schokolade und Alkohol meiden;
8. Keine Betäubungsmittel oder Medikamente nehmen, um schlafen zu können;
9. In einer ruhigen, dunklen und kühlen Umgebung schlafen; gedämpfter Beleuchtung den Vorzug geben;
10. Das Bett verlassen, wenn wegen Schlaflosigkeit Frustration aufkommt.

Die Zeitschrift *Sciences et Avenir* hat 300 wissenschaftliche Aufsätze zum Thema Schlaf ausgewertet. Demnach variiert die Schlafdauer je nach Altersstufe: Neugeborene (14–17 Std.), Säuglinge (12–15 Std.), Kleinkinder (11–14 Std.), Vorschulkinder (10–13 Std.), Schulkinder (9–11 Std.), Jugendliche (8–10 Std.), junge Erwachsene (7–9 Std.), Erwachsene (7–9 Std.), Senioren (7–8 Std.).

Jedem seine Schlafdauer
Empfohlene Schlafdauer pro Tag (24 Std.) nach Altersstufe

SCIENCES AVENIR

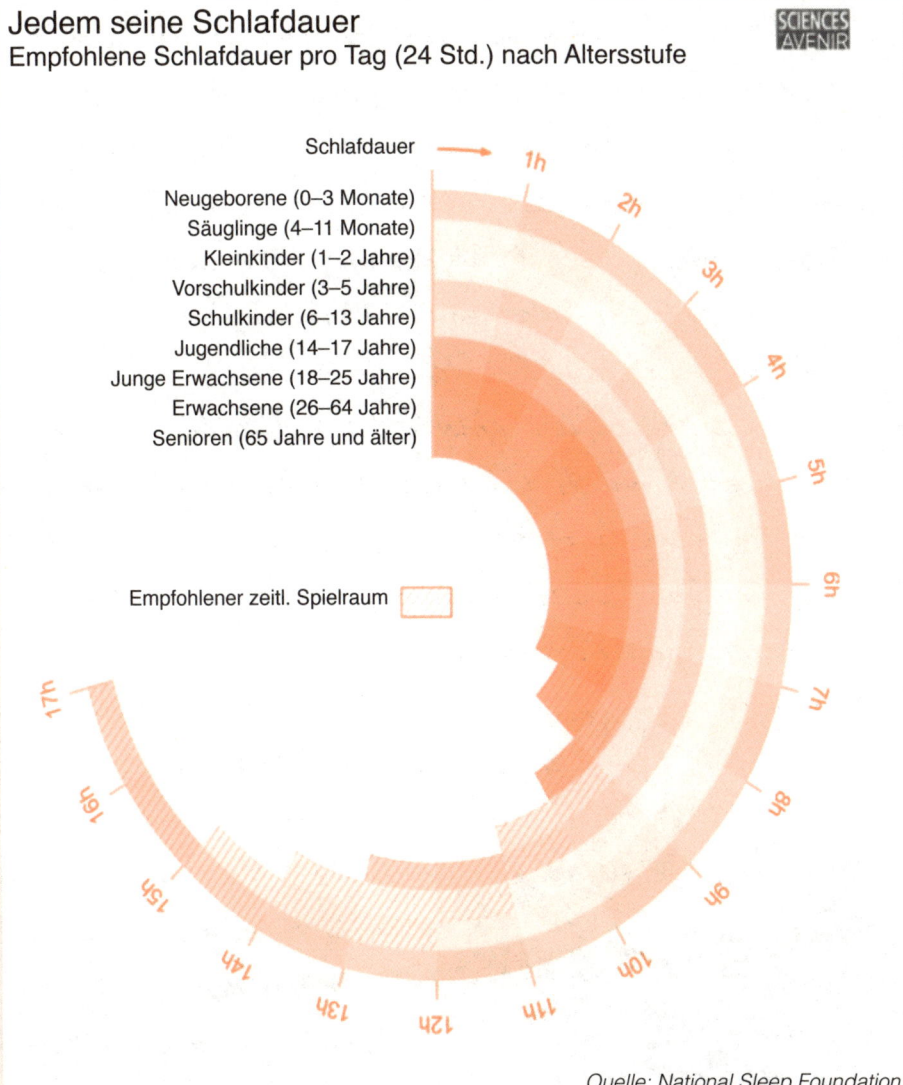

Schlafdauer →

Neugeborene (0–3 Monate)
Säuglinge (4–11 Monate)
Kleinkinder (1–2 Jahre)
Vorschulkinder (3–5 Jahre)
Schulkinder (6–13 Jahre)
Jugendliche (14–17 Jahre)
Junge Erwachsene (18–25 Jahre)
Erwachsene (26–64 Jahre)
Senioren (65 Jahre und älter)

Empfohlener zeitl. Spielraum ☐

Quelle: National Sleep Foundation

Arbeit

Falls es möglich ist, Ihre Arbeitszeiten zu ändern, können Sie dadurch, dass Sie früher aufstehen und den Arbeitstag früher beginnen, Verkehrsstaus und überfüllte öffentliche Verkehrsmittel vermeiden. Sie kommen vor den anderen am Arbeitsplatz an und können wichtige anstehende Aufgaben erledigen, ohne dass jemand Sie stört. Klären Sie im Vorfeld mit Ihren Vorgesetzten und Kollegen die neuen Spielregeln für Ihre Arbeitszeit ab: »Ich komme früher und mache auch früher Schluss.« Machen Sie Ihnen die Vorteile schmackhaft, die dieser neue Zeitplan für sie mit sich bringt.

Sollten Sie feste, unveränderbare Arbeitszeiten haben, werden Sie dennoch durch das frühe Aufstehen gelassener sein, denn Sie kommen entspannt und ruhig am Arbeitsplatz an, nachdem Sie all die angenehmen Dinge genossen haben, die der frühe Morgen zu bieten hat.

Wenn Sie nachts arbeiten müssen – zum Beispiel bei der Post, im Krankenhaus oder als Sicherheitsbeamter –, dann hat Ihr Vorhaben leider wenig Sinn, es sei denn, Sie wollen den Beruf wechseln. Seit dem Aufkommen digitaler Geräte entwickelt sich das Arbeiten im Home Office immer mehr. In einer solchen Arbeitssituation ist in jedem Fall ein fester Zeitplan empfehlenswert, denn Sie könnten sonst in Versuchung kommen, Ihre Aufgaben auf später zu verschieben – und dann mit der Arbeit in Rückstand geraten und sich unter Zeitdruck überfordert fühlen. Es ist zudem sinnvoll, die Spielregeln mit Ihrer Familie zu klären, insbesondere mit Ihren Kindern, damit sie nicht vergessen, dass Sie arbeiten, wenn Sie zu Hause sind.

Ernährungsgewohnheiten

Wenn Sie früh aufstehen, sollten Sie morgens reichhaltig, mittags mäßig und abends wenig essen. Sollten Sie sehr früh aufstehen, vor halb sechs, können Sie sich ein zweites Frühstück gegen zehn Uhr gönnen, besonders dann, wenn Sie eine körperliche Tätigkeit ausüben. Setzen Sie in den ersten drei Monaten regelmäßige Essenszeiten fest

und halten Sie sie ein. Und natürlich gilt: Ob Frühaufsteher oder nicht, Naschereien und Essen »auf die Schnelle« sollten Sie auf jeden Fall vermeiden!

Ihre Kinder

Ihre Kinder sind es vielleicht gewohnt, zusammen mit Ihnen zu frühstücken, und mögen das. Und sie freuen sich, dass Sie sie zur Schule bringen. Wenn Sie beschließen, diese Gewohnheiten mit ihnen so beizubehalten, geht Ihnen zwar der Vorteil der zeitlichen Verschiebung Ihres Arbeitsbeginns verloren, insbesondere der, Staus und überfüllte Busse und Bahnen zu vermeiden. Doch der Hauptnutzen des Frühaufstehens bleibt Ihnen auch dann erhalten, wenn Sie Ihre bisherigen Morgenrituale mit Ihren Kindern beibehalten: nämlich, dass Sie Zeit nur für sich haben. Falls Sie sich

aber doch entscheiden, Ihre Morgenroutine mit den Kindern zu ändern, wie wäre es dann, wenn Sie Ihre morgendliche Abwesenheit dadurch ausgleichen, dass Sie rechtzeitig zu einem gemeinsamen Nachmittagsimbiss wieder da sind?

Ihr(e) Partner(in)

Sie können ihn oder sie mit in Ihr Projekt einbeziehen und nach dem Aufstehen gemeinsam einer bestimmten Aktivität nachgehen: Gymnastik, Laufen oder andere ... Es hindert Sie aber auch nichts daran, sich den frühen Morgen als Zeit ganz für sich allein vorzubehalten. Bringen Sie es ihm/ihr in diesem Fall diplomatisch bei.

Sexualität

Wenn Sie zu flexiblen Zeiten Sex haben, je nach Gelegenheit, Lust und Laune, dann wirkt sich das Frühaufstehen kaum auf Ihre Liebes-beziehung(en) aus. Falls Sie dagegen immer nachts um zwölf »Liebe machen«, sollten Sie die Zeit für Zärtlichkeit an Ihren veränderten Schlafrhythmus anpassen – wobei die Spontaneität Ihres Liebesspiels natürlich erhalten bleiben sollte.

EINE STUNDE FRÜHER, OKAY! ABER NICHT EINE STUNDE WENIGER!

49

Sportliche oder Vereinsaktivitäten

Zahlreiche Aktivitäten in Vereinen und Initiativen finden abends statt. Wenn Sie früher aufstehen, müssen Sie sehr wahrscheinlich »Klarschiff machen«. Das heißt nicht, dass Sie Ihre Aktivitäten unbedingt aufgeben müssen, doch Sie sollten sie neu gewichten.

Aber wie?

Zum Beispiel, indem Sie die Dinge fortführen, die Ihnen wichtig sind, nötigenfalls zu einer anderen Zeit. Eine Gruppe zu finden, um morgens gemeinsam Sport zu treiben, dürfte zwar schwierig, aber nicht unmöglich sein (vielleicht gründen Sie ja eine?). Sie können sich aber auch individuell körperliche Bewegung verschaffen, zum Beispiel mit Gymnastik, Walken oder Joggen. Die zeitliche Umstellung ist für Sie auch eine Gelegenheit, bislang unentdeckte Gebiete für sich zu erschließen. Wie wäre es mit Meditation oder Yoga?

NA LOS, AB INS BETT!

Partys, Abendveranstaltungen, Treffen mit Freunden

Wenn Sie und Ihre Angehörigen einen überbordenden Drang nach abendlichen Festivitäten haben, ist das Vorhaben »früh aufstehen« ein

gewagtes Unterfangen. Dennoch ist Geselligkeit nicht zwangs-
läufig gleichbedeutend mit Aufbleiben bis tief in die Nacht.
Sie können Abendessen, die erst um 21 Uhr beginnen, durch
einen Aperitif mit Buffet ab 19 Uhr ersetzen. Wenn Sie bislang
zur Spätvorstellung ins Kino gegangen sind, wechseln Sie zur
vorletzten Vorstellung. Spätfilme im Fernsehen können Sie
auch als Wiederholungen zu einer früheren Tageszeit oder
auf On-Demand-Videos anschauen.

Zweites Experiment – für Fortgeschrittene

Stehen Sie zwei Wochen lang anderthalb Stunden früher auf,
ohne einen Tag auszulassen, und gehen Sie eine Stunde früher
schlafen. Suchen Sie sich eine regelmäßige Morgenaktivität
aus und praktizieren Sie sie in diesen beiden Wochen täglich.
Essen Sie eine halbe Stunde früher zu Abend. Wenn möglich,
halten Sie tagsüber 20 bis 45 Minuten lang eine Mini-Siesta.
Gehen Sie spätestens um 23.00 Uhr ins Bett. Abendliche
Veranstaltungen sollten spätestens um 20.00 Uhr beginnen.
Informieren Sie Ihre Angehörigen und die Kollegen, denen
Sie vertrauen.

51

Ziehen Sie nach Ablauf dieser Zeit Bilanz:
➡ Bin ich tagsüber müder als vorher?
➡ Bin ich weniger müde?

➡ Ist mein Selbstwertgefühl besser, schlechter oder un-
verändert?

➡ Was hat mir die von mir gewählte Aktivität gebracht?

➡ Hat meine Umgebung mich ermutigt?

➡ War ich Spott und Kritik ausgesetzt?

➡ Hat sich etwas verändert in meiner Beziehung ...

 – zur Familie:

 – zu Freunden:

 – zu Kollegen:

 – zu Vorgesetzten:

➡ Habe ich Lust, weiterzumachen?

 – Mit welcher Aufstehzeit?

 – Mit welcher Aktivität?

➡ Möchte ich wieder zu dem Rhythmus, den ich vor dem
Experiment hatte, zurückkehren?

5. Sich mit dem Vorhaben, früh aufzustehen, gegenüber anderen behaupten

Wir stellen hier Methoden vor, wie Sie Ihr Vorhaben anderen erklären und es gegebenenfalls an äußere Notwendigkeiten anpassen können. Seien Sie verhandlungsbereit, das wird es Ihnen leichter machen, Ihr Projekt »früh aufstehen« in die Tat umzusetzen. Führen Sie vorher die folgende Selbstdiagnose durch, um herauszufinden, wie gut Sie in der Lage sind, Ihren Entschluss durchzusetzen.

Selbsttest – wie gut können Sie Ihr Vorhaben durchsetzen?

Kreuzen Sie bei den folgenden Fragen die Antwort an, die Ihrer Einstellung am ehesten entspricht.

1. **Meiner Einschätzung nach ist mein Frühaufsteher-Projekt …**
   A. zwingend erforderlich und daher nicht verhandelbar.
   B. legitim und im Einklang mit meinen Angehörigen umsetzbar.
   C. etwas, das nur mich etwas angeht.

ES IST NIE ZU SPÄT, FRÜH AUFZUSTEHEN!

2. **Ich kündige meine Absicht so an:**
   A. Ich sage: Ich möchte in Zukunft früher aufstehen und mit Ihnen/dir klären, wie wir uns arrangieren können.
   B. Ich sage nichts, stehe früher auf und warte die Reaktionen der anderen ab.
   C. Ich verkünde, ich hätte dieses kleine Übungsheft gelesen und sei nun so sehr von den Vorteilen des Frühaufstehens überzeugt, dass ich sie nicht diskutieren will.

3. Wenn meine Angehörigen sich sträuben und mich auf Nachteile hinweisen, die mein früheres Aufstehen für sie mit sich bringt, …

A. entgegne ich ihnen, sie seien nicht offen für Veränderungen und in ihren Gewohnheiten festgefahren.

B. gebe ich mein Projekt auf, um Auseinandersetzungen zu vermeiden.

C. schlage ich ihnen vor, gemeinsam Kompromisse zu finden, die für alle akzeptabel sind.

4. Ich merke nach drei Monaten, dass ich mir zu viel vorgenommen habe und definitiv zu früh aufstehe.

A. Ich bereue, mich auf dieses Frühaufsteher-Vorhaben eingelassen zu haben.

B. Ich erkläre den anderen, etwas überehrgeizig gewesen zu sein, und verschiebe den Zeitpunkt des Aufstehens etwas nach hinten.

C. Ich stehe etwas später auf, spreche aber nicht darüber, um mir keine sarkastischen Kommentare einzuhandeln.

5. Ich habe es trotz skeptischer und spöttischer Reaktionen meiner Umgebung geschafft, drei Monate lang früher aufzustehen.

A. Ich stoße einen Siegesschrei aus und verkünde ihnen, dass Sie unrecht hatten.

B. Ich sage mir, dass meine Selbstdisziplin vermutlich nicht anhalten wird.

C. Ich schlage vor, sie zu unterstützen, wenn sie es auch einmal versuchen wollen.

6. Meine Angehörigen machen mir Komplimente, weil ich seit drei Monaten früher aufstehe.

A. Ich sage: »Hättet ihr mich mal besser von Anfang an ermutigt.«

B. Ich sage: »Danke, das freut mich.«

C. Ich sage: »Ach was, das ist doch nichts Besonderes!«

7. **Ein Freund, der auch ein Frühaufsteher-Programm beginnen will, bittet mich um Ratschläge.**
- A. Ich frage ihn als Erstes: »Was ist dein Ziel? Was willst du erreichen?«
- B. Ich rate ihm, es genauso zu machen wie ich.
- C. Ich sage ihm, da könne ich ihm leider keinen Rat geben.

8. **Ich habe mein Ziel nicht erreicht und bin nach zwei Wochen zu meinen früheren Gewohnheiten zurückgekehrt. Ich sage mir:**
- A. »Kein Wunder. Niemand hat mir geholfen, einige haben meine Bemühungen sogar sabotiert!«
- B. »Was will und kann ich jetzt tun?«
- C. »Ich hab's gewusst, es musste ja so kommen!«

9. **Ich stehe seit drei Monaten früher auf. Ich sage mir:**
- A. »Ich bin wirklich der/die Größte!«
- B. »Das kann doch jeder.«
- C. »Ich freue mich über diesen Erfolg.«

10. **Ich denke, ein solcher Test …**
- A. gibt einem zu denken.
- B. ist zu kompliziert für mich.
- C. beruht nicht auf seriösen wissenschaftlichen Erkenntnissen.

Wie mit den Reaktionen des Umfelds umgehen?

Wenn Sie Ihren Wecker früher stellen, kann das bei den Menschen, die Ihnen nahestehen, Reaktionen hervorrufen – von Skepsis über Spott, sarkastische Bemerkungen, Aggressivität und Neid bis hin zu Bewunderung ... Der Einfluss einer geänderten Aufstehzeit ist deshalb auf unsere Umgebung so groß, weil die Art und Weise, wie wir unsere Zeit verwalten, dem entspricht, wie wir unser Leben insgesamt managen. Um möglichen Widerständen entgegenzutreten und entschlossen zu handeln, stehen uns drei Grundeinstellungen zur Verfügung: in die Offensive gehen, uns selbst hintanstellen oder verhandeln.

Offensives Vorgehen

Gemäß dieser Einstellung sind Sie stets im Recht, komme, was wolle. Sie sind fest entschlossen und Ihr Ziel, früher aufzustehen, ist wichtiger als alle unangenehmen Konsequenzen, die das für die anderen mit sich bringen mag. Ihrer Einschätzung nach wäre es ein Zeichen von Schwäche, wenn Sie die Anmerkungen und Vorschläge Ihrer Umgebung berücksichtigen würden. Sie haben sich gründlich über das Thema informiert und können nachweisen, dass Ihr Entschluss wohlbegründet ist. Die anderen brauchen sich die entsprechende Literatur ja nur anzusehen, um Ihr Projekt zu verstehen. Auf diese Weise können Sie Ihren Willen zwar oft durchsetzen, aber Ihre Einstellung hat Folgen für Ihre Beziehungen. Einige Menschen fühlen sich von Ihren schlagkräftigen Argumenten abgekanzelt. Andere, die sich nichts aufzwingen lassen wollen, greifen Sie im Gegenzug an, so lange, bis eine Partei nachgibt. Dieses Phänomen des Angriffs und Gegenangriffs bezeichnet man als »symmetrische Eskalation«.

Sich selbst hintanstellen

Sie geben einem guten menschlichen Miteinander und Ihrer Beziehung zu anderen den Vorrang — zu Ihrem eigenen Schaden. Zwar haben Sie sich vorgenommen, früher aufzustehen, knicken aber schon bei der kleinsten abschätzigen Bemerkung oder Kritik ein. Was soll's, wenn die erwarteten Vorteile des Frühaufstehens verloren gehen, Hauptsache, Sie können — um den Preis, Ihr Vorhaben aufzugeben — weiterhin ein ruhiges Leben ohne Konflikte und Beschwerden führen. Die anderen, die um Ihre Neigung, sich zu opfern, wissen, nutzen das aus und bekommen, was sie wollen. Nicht selten werden Sie für einen gutmütigen Trottel gehalten. Man sagt Ihnen, 57 Sie seien ja so nett, respektiert Sie aber nicht. Dadurch sind Sie allmählich zu der Überzeugung gelangt, Sie seien nicht wichtig.

Verhandeln

Diese Einstellung zeichnet sich dadurch aus, dass Sie Ihr Vorhaben so weit wie möglich mit den Interessen Ihrer Angehörigen in Einklang bringen. Sie halten an Ihren Zielen fest und argumentieren dabei auf der Grundlage von Studien, Fakten und Berichten, die die Vorteile des frühen Aufstehens hervorheben. Im Gegenzug hören Sie sich die Kommentare und Anregungen der anderen an und schlagen gegebenenfalls praktische Änderungen vor, die für alle annehmbar sind. Sie beginnen Ihr Projekt zum Beispiel erst einmal für einen Zeitraum von drei Wochen und ziehen anschließend mit Ihren Angehörigen Bilanz, ob und was geändert werden sollte. Dieses Vorgehen wiederholen Sie in regelmäßigen Abständen. Nötigenfalls machen Sie Zugeständnisse: einen Partyabend pro Woche akzeptieren, sonntags lange schlafen, die Zeiten für gemeinsame Mahlzeiten noch einmal gemeinsam prüfen ... Mit diesem Ansatz wecken Sie manchmal in anderen den Wunsch, es ebenfalls einmal mit einem solchen Projekt zu versuchen.

58

Ergebnisse des Selbsttests von Seite 53–55

Kreisen Sie für jede Situation den Buchstaben ein, der Ihrer Antwort entspricht.
Nachdem Sie den obigen Abschnitt über die drei Arten des Umgangs mit den Reaktionen Ihres Umfelds gelesen haben, ahnen Sie bestimmt schon, dass das ideale Ergebnis zehn Punkte bei der Einstellung »Verhandeln« sind.

Situation	Offensives Vorgehen	Sich selbst hintanstellen	Verhandeln
1	A	C	B
2	C	B	A
3	A	B	C
4	C	A	B
5	A	B	C
6	A	C	B
7	B	C	A
8	A	C	B
9	A	B	C
10	C	B	A
Gesamt			

➡ Wenn Sie bei der Einstellung des Verhandelns sechs bis zehn Punkte erreichen, stehen die Chancen gut, dass Sie Lösungen zuwege bringen, die für alle annehmbar sind – natürlich auch für Sie selbst. Ihr Ziel, früh aufzustehen, wird wahrscheinlich bei Ihren Gesprächspartnern auf Verständnis und Akzeptanz stoßen. Sie werden jedoch einige Zugeständnisse machen müssen.

➡ Wenn Sie sechs bis zehn Punkte bei der offensiven Einstellung erzielen, sind Sie dank Ihrer unerbittlichen Entschlossenheit in der Lage, Ihr Ziel zu erreichen. Wundern Sie sich aber nicht, wenn in Ihrer

Umgebung möglicherweise Vorwürfe laut werden und Konflikte aufkommen.

→ Wenn Sie sechs bis zehn Punkte bei der Einstellung erreichen, sich selbst hintanzustellen, wird es schwierig für Sie, Ihr Vorhaben zu verwirklichen. Bei jeder spöttischen oder kritischen Äußerung und jeder Anregung von anderen besteht die Gefahr, dass die Furcht in Ihnen aufsteigt, mit dem/der Betreffenden könnte es zum Bruch kommen, wenn Sie Ihren Plan ausführen – und lieber Ihr Projekt abbrechen, als das Risiko einer Auseinandersetzung einzugehen.

Wie sage ich es den anderen?

Wie kann ich vor dem Hintergrund meiner Testergebnisse mein Ziel, früh aufzustehen, am besten kommunizieren gegenüber …
→ meinen Kindern?
→ meinem Mann/meiner Frau oder meinem Lebensgefährten/ meiner Lebensgefährtin?
→ meinem Chef?
→ meinen Kollegen?
→ meinen Freunden?

Zum Schluss

Ich hoffe, dass Sie im Lauf der Lektüre, nach all den Übungen, Momenten der Innenschau, praktischen Tipps und nachdem Sie Ihren persönlichen Vorgehensplan erstellt haben, jetzt wirklich die Lust gepackt hat, früher aufzustehen, und dass Sie sich in der Lage fühlen, Ihr Ziel zu erreichen.

Natürlich sind vor allem Ihre Entschlossenheit und Ihr Durchhaltevermögen gefordert, doch sollten Sie zumindest versuchen, zusätzlich auch die Ermutigung Ihrer Angehörigen zu erhalten, idealerweise sogar eine engagierte Begleitung.

Eine geänderte Weckroutine wirkt sich auf Ihr ganzes Leben und Ihre Beziehungen zu anderen aus. Seien Sie darauf gefasst, Ihre derzeitige Alltagsroutine zu ändern oder sogar ganz umzuwerfen. Es liegt in der Natur des Übergangs vom gegenwärtigen zum erwünschten Zustand, dass die Dinge vorübergehend aus dem Gleichgewicht geraten und Turbulenzen aufkommen. Vertrauen Sie auf Ihre Entschlossenheit, Ihren Körper, Ihre Gefühle und Instinkte. Sorgen Sie nach bestem Vermögen dafür, dass Ihnen Ihr Umfeld zur Seite steht. Sie können stolz auf sich sein!

»Folgen Sie Ihrem gesunden Menschenverstand
und finden Sie zurück zu der Einstellung:
Wer früh aufsteht, hat mehr vom Leben!«

Jean-Louis Muller

DAS KLEINE
ÜBUNGSHEFT

Willkommen in der
Bibliothek der guten Gefühle

**Entdecken Sie viele weitere Themen
aus der charmanten Bestseller-Reihe.**

Abonnieren Sie unseren Newsletter und erhalten
Sie die aktuellsten Informationen aus den Bereichen
Lebenskunst, persönliche Entwicklung, Erfolg
und Sexualität.

Einmal pro Woche stellen wir Ihnen eines der **kleinen
Übungshefte** mit einer Übung der Woche genauer vor.

Alle Hefte können Sie — innerhalb Deutschlands
versandkostenfrei — direkt auf der Website bestellen.

www.die-kleinen-uebungshefte.de

TRINITY

Die kleinen Übungshefte gibt es zu diesen Themen:

Gelassen und glücklich leben

- Entdecke die innere Fee in dir
- Glückstraining
- Lebensfreude im Alltag
- Optimismus
- Positive Psychologie
- Wieder Begeisterung empfinden
- Zen, sexy und happy

Loslassen, was belastet

- Endlich frei von Schuldgefühlen
- Krisen bewältigen
- Loslassen
- Schluss mit dem Rauchen
- Stark durch Resilienz
- Zorn positiv nutzen
- Zum Wohlfühlgewicht ohne Stress

Die eigenen Potenziale entwickeln

- Das Gesetz der Anziehung
- Entdecke dich selbst mit Stift und Pinsel
- Gelassen Ziele erreichen
- Lebensträume verwirklichen
- Mut zur Veränderung
- Positives anziehen
- Selbstbewusstsein
- Steh auf, dein Leben wartet!
- Verborgene Talente entdecken

Sich Zeit für das Wesentliche nehmen

- Ausmisten und wieder durchatmen
- Besser leben ohne Stress
- Digital Detox – einfach öfter mal abschalten
- Entschleunigen
- Für eine bessere Welt
- Zen in einer bewegten Welt

Achtsam und zentriert leben

- Achtsamkeit
- Ho'oponopono
- Meditationen für jeden Tag
- Spiritualität im Alltag
- Wahrhaftig sein sich selbst und anderen gegenüber

Sich anderen Menschen öffnen

- Dankbarkeit
- Emotionale Intelligenz
- Freunde gewinnen und bessere Beziehungen führen

Klug und liebevoll kommunizieren

- Die Kunst, Gesichter zu lesen
- Geheimnisse der Körpersprache verstehen
- Gewaltfreie Kommunikation
- Grenzen setzen – Nein sagen
- Konflikte meistern und harmonischere Beziehungen führen
- Mit schwierigen Zeitgenossen umgehen
- Psychospiele durchschauen und die eigene Rolle verändern

Andere und sich selbst lieben

- Das Geheimnis glücklicher Paare
- Die Heilkraft der Liebe nutzen
- Eifersucht verstehen und überwinden
- Frieden schließen mit dem eigenen Körper
- Kamasutra
- Seelische Wunden heilen
- Seelische Wunden verstehen
- Sei gut zu dir selbst
- Selbstliebe
- Sich selbst und andere lieben